Baby Shower For

____

____

Date

____

____

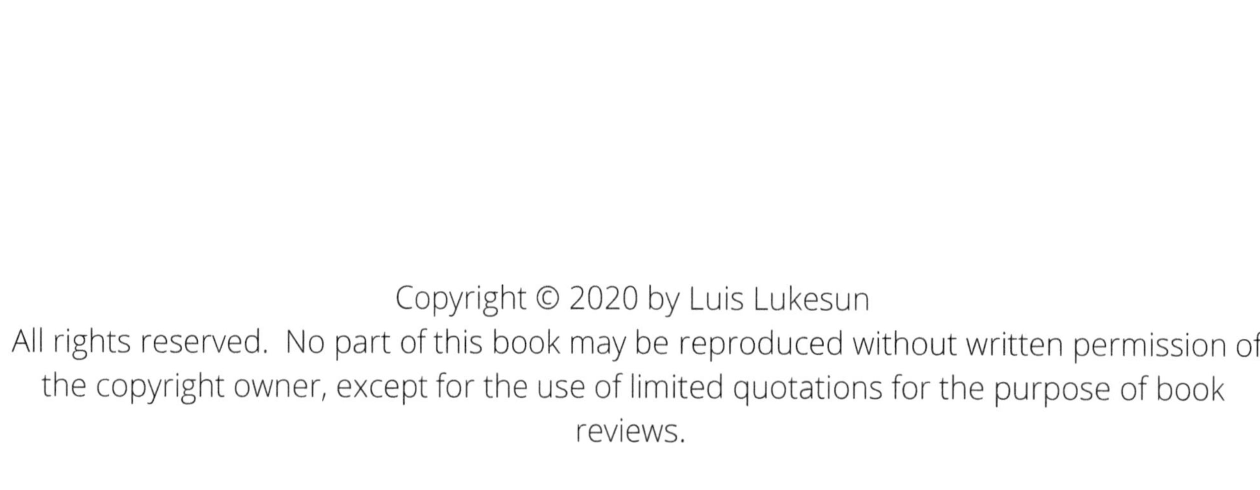

Copyright © 2020 by Luis Lukesun

All rights reserved. No part of this book may be reproduced without written permission of the copyright owner, except for the use of limited quotations for the purpose of book reviews.

Guest Name

Relationship to Parents

Advice for Parents

Wishes for Baby

Guest Name

Relationship to Parents

Advice for Parents

Wishes for Baby

Guest Name

Relationship to Parents

Advice for Parents

Wishes for Baby

Guest Name

Relationship to Parents

Advice for Parents

Wishes for Baby

Guest Name

Relationship to Parents

Advice for Parents

Wishes for Baby

Guest Name

Relationship to Parents

Advice for Parents

Wishes for Baby

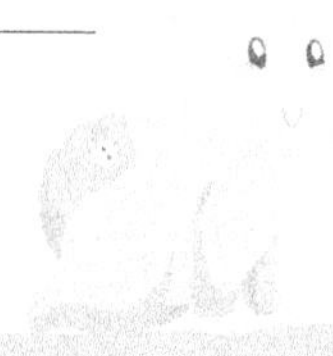

Guest Name

Relationship to Parents

Advice for Parents

Wishes for Baby

Guest Name

Relationship to Parents

Advice for Parents

Wishes for Baby

Guest Name

Relationship to Parents

Advice for Parents

Wishes for Baby

Guest Name

Relationship to Parents

Advice for Parents

Wishes for Baby

Guest Name

Relationship to Parents

Advice for Parents

Wishes for Baby

Guest Name

Relationship to Parents

Advice for Parents

Wishes for Baby

Guest Name

Relationship to Parents

Advice for Parents

Wishes for Baby

Guest Name

____

Relationship to Parents

____

Advice for Parents

____

____

____

Wishes for Baby

____

____

____

Guest Name

Relationship to Parents

Advice for Parents

Wishes for Baby

Guest Name

Relationship to Parents

Advice for Parents

Wishes for Baby

Guest Name

Relationship to Parents

Advice for Parents

Wishes for Baby

Guest Name

Relationship to Parents

Advice for Parents

Wishes for Baby

Guest Name

Relationship to Parents

Advice for Parents

Wishes for Baby

Guest Name

Relationship to Parents

Advice for Parents

Wishes for Baby

Guest Name

____

Relationship to Parents

____

Advice for Parents

____

____

____

Wishes for Baby

____

____

____

Guest Name

Relationship to Parents

Advice for Parents

Wishes for Baby

Guest Name

Relationship to Parents

Advice for Parents

Wishes for Baby

Guest Name

Relationship to Parents

Advice for Parents

Wishes for Baby

Guest Name

____

Relationship to Parents

____

Advice for Parents

____

____

____

____

Wishes for Baby

____

____

____

Guest Name

Relationship to Parents

Advice for Parents

Wishes for Baby

Guest Name

Relationship to Parents

Advice for Parents

Wishes for Baby

Guest Name

Relationship to Parents

Advice for Parents

Wishes for Baby

Guest Name

Relationship to Parents

Advice for Parents

Wishes for Baby

Guest Name

Relationship to Parents

Advice for Parents

Wishes for Baby

Guest Name

Relationship to Parents

Advice for Parents

Wishes for Baby

Guest Name

Relationship to Parents

Advice for Parents

Wishes for Baby

Guest Name

Relationship to Parents

Advice for Parents

Wishes for Baby

Guest Name

Relationship to Parents

Advice for Parents

Wishes for Baby

Guest Name

Relationship to Parents

Advice for Parents

Wishes for Baby

Guest Name

Relationship to Parents

Advice for Parents

Wishes for Baby

Guest Name

____

Relationship to Parents

____

Advice for Parents

____

____

____

____

Wishes for Baby

____

____

____

Guest Name

Relationship to Parents

Advice for Parents

Wishes for Baby

Guest Name

Relationship to Parents

Advice for Parents

Wishes for Baby

Guest Name

Relationship to Parents

Advice for Parents

Wishes for Baby

Guest Name

Relationship to Parents

Advice for Parents

Wishes for Baby

Guest Name

____

Relationship to Parents

____

Advice for Parents

____

____

____

Wishes for Baby

____

____

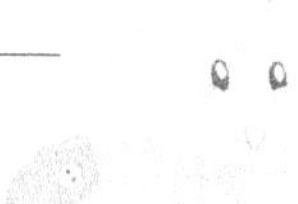

____

Guest Name

Relationship to Parents

Advice for Parents

Wishes for Baby

Guest Name

Relationship to Parents

Advice for Parents

Wishes for Baby

Guest Name

Relationship to Parents

Advice for Parents

Wishes for Baby

Guest Name

Relationship to Parents

Advice for Parents

Wishes for Baby

Guest Name

Relationship to Parents

Advice for Parents

Wishes for Baby

Guest Name

Relationship to Parents

Advice for Parents

Wishes for Baby

Guest Name

Relationship to Parents

Advice for Parents

Wishes for Baby

Guest Name

___

Relationship to Parents

___

Advice for Parents

___

___

___

___

Wishes for Baby

___

___

___

___

Guest Name

Relationship to Parents

Advice for Parents

Wishes for Baby

Guest Name

Relationship to Parents

Advice for Parents

Wishes for Baby

Guest Name

Relationship to Parents

Advice for Parents

Wishes for Baby

Guest Name

Relationship to Parents

Advice for Parents

Wishes for Baby

Guest Name

Relationship to Parents

Advice for Parents

Wishes for Baby

Guest Name

Relationship to Parents

Advice for Parents

Wishes for Baby

Guest Name

____

Relationship to Parents

____

Advice for Parents

____

____

____

____

Wishes for Baby

____

____

____

Guest Name

____

Relationship to Parents

____

Advice for Parents

____

____

____

Wishes for Baby

____

____

____

Guest Name

Relationship to Parents

Advice for Parents

Wishes for Baby

Guest Name

Relationship to Parents

Advice for Parents

Wishes for Baby

Guest Name

Relationship to Parents

Advice for Parents

Wishes for Baby

Guest Name

Relationship to Parents

Advice for Parents

Wishes for Baby

Guest Name

Relationship to Parents

Advice for Parents

Wishes for Baby

Guest Name

Relationship to Parents

Advice for Parents

Wishes for Baby

Guest Name

Relationship to Parents

Advice for Parents

Wishes for Baby

Guest Name

Relationship to Parents

Advice for Parents

Wishes for Baby

Guest Name

Relationship to Parents

Advice for Parents

Wishes for Baby

Guest Name

Relationship to Parents

Advice for Parents

Wishes for Baby

Guest Name

Relationship to Parents

Advice for Parents

Wishes for Baby

Guest Name

Relationship to Parents

Advice for Parents

Wishes for Baby

Guest Name

Relationship to Parents

Advice for Parents

Wishes for Baby

Guest Name

Relationship to Parents

Advice for Parents

Wishes for Baby

Guest Name

____

Relationship to Parents

____

Advice for Parents

____

____

____

Wishes for Baby

____

____

____

Guest Name

Relationship to Parents

Advice for Parents

Wishes for Baby

Guest Name

____

Relationship to Parents

____

Advice for Parents

____

____

____

____

Wishes for Baby

____

____

____

Guest Name

Relationship to Parents

Advice for Parents

Wishes for Baby

Guest Name

Relationship to Parents

Advice for Parents

Wishes for Baby

Guest Name

Relationship to Parents

Advice for Parents

Wishes for Baby

Guest Name

Relationship to Parents

Advice for Parents

Wishes for Baby

Guest Name

Relationship to Parents

Advice for Parents

Wishes for Baby

Guest Name

Relationship to Parents

Advice for Parents

Wishes for Baby

Guest Name

Relationship to Parents

Advice for Parents

Wishes for Baby

Guest Name

Relationship to Parents

Advice for Parents

Wishes for Baby

Guest Name

Relationship to Parents

Advice for Parents

Wishes for Baby

Guest Name

Relationship to Parents

Advice for Parents

Wishes for Baby

Guest Name

Relationship to Parents

Advice for Parents

Wishes for Baby

Guest Name

Relationship to Parents

Advice for Parents

Wishes for Baby

Guest Name

Relationship to Parents

Advice for Parents

Wishes for Baby

Guest Name

Relationship to Parents

Advice for Parents

Wishes for Baby

Guest Name

Relationship to Parents

Advice for Parents

Wishes for Baby

Guest Name

____

Relationship to Parents

____

Advice for Parents

____

____

____

Wishes for Baby

____

____

____

Guest Name

____

Relationship to Parents

____

Advice for Parents

____

____

____

____

Wishes for Baby

____

____

____

Guest Name

Relationship to Parents

Advice for Parents

Wishes for Baby

Guest Name

Relationship to Parents

Advice for Parents

Wishes for Baby

Guest Name

Relationship to Parents

Advice for Parents

Wishes for Baby

Guest Name

Relationship to Parents

Advice for Parents

Wishes for Baby

Guest Name

Relationship to Parents

Advice for Parents

Wishes for Baby

Guest Name

Relationship to Parents

Advice for Parents

Wishes for Baby

Guest Name

Relationship to Parents

Advice for Parents

Wishes for Baby

Guest Name

Relationship to Parents

Advice for Parents

Wishes for Baby

Notes / Photos

Notes / Photos

Notes / Photos

Notes / Photos

Notes / Photos

Notes / Photos

Notes / Photos

Gift Log

Name/Email/Phone	Gift

Gift Log

Name/Email/Phone   Gift

Gift Log

Name/Email/Phone   Gift

Gift Log

Name/Email/Phone
Gift

Gift Log

Name/Email/Phone	Gift

Gift Log

Name/Email/Phone	Gift

Gift Log

Name/Email/Phone	Gift

Gift Log

Name/Email/Phone   Gift

Gift Log

Name/Email/Phone

Gift

Gift Log

Name/Email/Phone	Gift